AF267702

97
m
22465

ÉLOGE

DE

M. BLONDET-DUPLAISSET

BATONNIER DE L'ORDRE DES AVOCATS PRÈS LA COUR IMPÉRIALE

AVEC UNE NOTICE

SUR

M. RENÉ-AUGUSTIN TRICHET

AVOCAT, ANCIEN SECRÉTAIRE DE L'ORDRE

PRONONCÉ

LE 21 JANVIER 1865 A L'OUVERTURE DES CONFÉRENCES

PAR

Alfred ORILLARD,

Avocat, docteur en droit, ancien secrétaire de la conférence.

POITIERS

IMPRIMERIE DE A. DUPRÉ

RUE DE LA MAIRIE, 10

1865

ÉLOGE

DE

M. BLONDET-DUPLAISSET

BÂTONNIER DE L'ORDRE DES AVOCATS PRÈS LA COUR IMPÉRIALE

AVEC UNE NOTICE

SUR

M. RENÉ-AUGUSTIN TRICHET

AVOCAT, ANCIEN SECRÉTAIRE DE L'ORDRE

PRONONCÉ

LE 21 JANVIER 1865 A L'OUVERTURE DES CONFÉRENCES

PAR

Alfred ORILLARD,

Avocat, docteur en droit, ancien secrétaire de la conférence.

POITIERS

IMPRIMERIE DE A. DUPRÉ

RUE DE LA MAIRIE, 10

—

1865

L'ouverture de la conférence des avocats a eu lieu le samedi 24 janvier 1865, à une heure, dans la 1ʳᵉ chambre de la Cour. Mᵉ Calmeil, bâtonnier de l'Ordre, présidait. Il était assisté de Mᵉˢ Bourbeau, Ernoul, Périvier, Fey, Lepetit, Orillard père, membres du conseil de l'Ordre. Plusieurs avocats inscrits au tableau, Mᵉˢ Pallu, Mimaud, Calmeil fils, Pottier, Dubeugnon, Piet-Lataudrie, Thézard, Garran de Balzan, Ricaume, Blondet, Espierre, Couturier, Duchastenier, assistaient à cette séance solennelle. La barre est occupée par les avocats stagiaires.

La parole est donnée à Mᵉˢ Bourcy et Orillard Alfred pour prononcer les discours d'usage.

ÉLOGE

DE

DUPLAISSET.

Integer vitæ... securus abit (1).
(HOR.)

MONSIEUR LE BATONNIER,
MESSIEURS,

Ce n'est pas sans une douloureuse émotion que je viens vous parler d'un homme dont le souvenir est profondément gravé dans nos cœurs. Déjà deux années se sont écoulées depuis le jour où nous avions le bonheur de le voir ouvrir ces conférences avec une joie qu'il ne cherchait point à dissimuler... Et cependant il me semble encore aujourd'hui entendre sa voix aimée... Il me semble apercevoir ce noble visage où se reflétaient toutes les impressions de son âme... O triste illusion !... Duplaisset n'est plus !... Et c'est moi qui dois prononcer son éloge !!

Éloge à la fois périlleux et facile ! Serai-je, en effet, à la hauteur de l'honorable mission qu'on a bien voulu

(1) Devise des Souvenirs de Verdun, qui s'applique parfaitement à Duplaisset.

me confier? Mon appréciation ne restera-t-elle point au-dessous de la vérité? Sera-t-elle digne du talent et du caractère de cet homme de bien? Je compte, Messieurs, sur votre indulgence, et j'espère qu'elle ne me fera pas défaut.

Éloge facile! car la voie m'a été tracée d'avance par le confrère éloquent (1) qui sut, à ses funérailles, peindre si bien notre douleur commune; et Duplaisset est un de ces avocats qui n'ont pas besoin de louanges; il me suffira de vous raconter simplement sa vie.

Henri-Paulin Blondet-Duplaisset naquit à Poitiers le 14 juillet 1807.

Son aïeul paternel commandait le 1er bataillon de la Vienne dans cette lutte de géants que la France soutint contre l'Europe coalisée. Il ne quitta le champ de bataille que blessé en pleine poitrine par une balle ennemie; il se retira dans sa ville natale, et là, nommé adjoint, il rendit encore à sa patrie, pendant vingt ans, d'utiles services.

Son aïeul maternel, M. Texereau, était élevé, par les suffrages de ses concitoyens, à un poste important de la magistrature.

Son père, blessé en Espagne, mourait à 28 ans.

Heureusement il restait à Duplaisset une mère pour le diriger dans la vie; elle veilla sur sa jeunesse avec un pieux dévoûment; et quand il fallut choisir une profession pour son fils, vous comprenez, Messieurs,

(1) M. Lepetit.

avec quelle tendre sollicitude elle l'écarta de cette carrière des armes, qui avait été si funeste à son malheureux père.

Un oncle de Duplaisset, M. Allard, avait été le doyen de l'École de droit de Poitiers : le neveu y fit ses études, et en 1833 il soutenait sa thèse de licence sur l'*acceptilatio* en droit romain, et sur la *remise de la dette* en droit français. Il l'avait dédiée à son grand-père comme un « témoignage de sa respectueuse tendresse, » et à sa mère comme preuve de son « amour filial et de sa reconnaissance. »

Le 16 mai 1834, Duplaisset se fait inscrire sur la liste des avocats stagiaires près la cour de Poitiers.

Mais, l'année suivante, il part pour Versailles, pensant pouvoir y créer un collége d'avocats. C'est là qu'il sent naître en lui cette vocation irrésistible pour la profession qu'il a tant chérie et à laquelle il a su attacher d'impérissables souvenirs. Ses coups d'essai sont des coups de maître (1) ; néanmoins ces premiers succès, qui en présageaient tant d'autres, ne lui permirent pas de lutter contre d'anciennes positions, acquises déjà depuis longtemps.

Il nous revient alors en 1837, amenant avec lui celle qui fut la digne compagne de toute son existence.

Depuis cette époque, il resta fidèle à notre barreau. Il le préféra à toutes les positions élevées qu'on put offrir à son mérite.

Avocat, il s'efforça toujours de faire triompher la

(1) Voir *Sentinelle des Électeurs* du 17 mai 1835, où l'on raconte le succès de Duplaisset dans l'affaire Blot.

justice et le bon droit ; et quand il lui arrivait de sauver une tête, la joie, la satisfaction d'avoir rempli son devoir lui faisaient bien vite oublier ses veilles et ses pénibles labeurs.

Confrère affectueux, il fut le modèle du dévoûment et porta la confraternité à son plus haut degré. Ses amis le maintinrent longtemps au conseil de l'Ordre, et, après avoir rempli avec distinction les fonctions de secrétaire, il obtint enfin, comme récompense de ses fatigues, l'insigne honneur du bâtonnat.

Et maintenant, Messieurs, que nous avons jeté un coup d'œil rapide sur l'ensemble de cette vie si bien remplie, examinons-la de plus près, voyons Duplaisset sur la brèche, parcourons quelques-unes de ses belles plaidoiries, pour arriver à louer les paternels conseils qu'il donna à ses stagiaires pendant la durée de son trop court bâtonnat, et, après avoir parlé de l'avocat, nous dirons quelques mots de l'homme privé, en appelant surtout votre attention sur ses essais poétiques.

I.

DUPLAISSET AVOCAT.

1° *A la Cour d'assises.*

Avant tout, Messieurs, Duplaisset était un avocat d'assises. La vivacité de son intelligence, sa facilité d'élocution, sa présence d'esprit, la finesse et l'énergie de ses reparties, la puissance même de sa voix émue, l'entraînaient nécessairement vers « les luttes émouvantes du grand criminel (1). »

Ces affaires, dans lesquelles l'honneur, la liberté, la vie des hommes se trouvent en péril, peuvent présenter d'étranges situations ; l'imagination suivra son libre cours sans être entravée par les difficultés ardues de la procédure ; souvent la seule narration du fait révèlera d'odieux projets, d'infâmes complots, d'horribles circonstances. La généreuse parole de Duplaisset flétrissait le crime avec une chaleureuse vigueur ; mais son esprit ingénieux savait disculper l'accusé ; il attirait sur lui toutes les sympathies de l'auditoire, en montrant avec adresse que s'il y avait un coupable, ce n'était pas celui qu'il était chargé de défendre (2).

Le fait est-il constant et prouvé mille fois pour une, Duplaisset ne se décourage pas : sa pronfonde connaissance du cœur humain lui a bien vite indiqué sous quel aspect favorable il faut l'envisager. C'est, par exemple, un malheureux jeune homme qui ne peut plus supporter les injures que chaque jour fait naître sa condition de bâtard. Poussé par je ne sais quelle mauvaise lecture, il se met en quête de sa paternité. Il arrive la nuit chez son prétendu père, et, un pistolet à la main, il le somme, sous peine de mort, d'épouser sa mère. L'acte matériel est constant, mais qu'importe ? « Si la raison, si l'intelligence, si la perversité » n'ont pas présidé à son exécution, il faudra sans

____

(1) C'est ainsi que Duplaisset qualifiait les débats d'assises (Discours d'ouverture des conférences.)

(2) Ex. : aff. Gauthier. V. *J. Vienne*, 4 décembre 1854.

» doute déplorer la fatalité qui lui a donné naissance,
» il faudra gémir sur l'incohérence et l'irrégularité
» de certaines organisations, mais il n'y aura pas de
» coupable à frapper, il n'y aura pas de criminel à
» flétrir (1). »

Et en effet, après avoir sondé les intentions de ce
jeune homme, Duplaisset ne peut s'empêcher de s'é-
crier : « Encore une fois, appelez cela de la piété filiale
» jusqu'à la folie, appelez-le le fanatisme de l'honneur
» mal compris ; mais, pour Dieu, messieurs, ne l'ap-
» pelez pas crime. »

Et le jury consacra par son verdict l'opinion du défenseur.

Quelquefois encore, malgré l'évidence du crime,
on peut invoquer quelques-unes de ces circonstances
morales d'une infinie variété, qui, parfois, sont d'une
bien grande puissance. Ainsi Duplaisset, qui sait en
faire ressortir les moindres nuances avec un tact ex-
quis, racontera la vie aventureuse et vagabonde qu'a
menée un malheureux jeune homme pour se sous-
traire à la détention préventive ; il montrera les an-
goisses de sa famille, venue aux pieds du jury pour
solliciter sa clémence ; il s'appuiera sur la franchise
de cet accusé, qui s'est rendu spontanément pour
expliquer sa conduite à ses juges ; il insistera surtout
sur son profond et sincère repentir, et fera un tableau
si vrai, si saisissant, des remords de son client, que

(1) Cour d'assises de la Vienne, 24 août 1854 : affaire Leroy.
Autre exemple : affaire Rateau. *Journal de la Vienne*, 17 mai
1859.

le jury, ému, le renverra dans sa famille, en consacrant son innocence par sa décision souveraine (1).

Si, au contraire, le défenseur croyait voir planer à l'horizon quelque nuage obscur que l'accusation ne pouvait faire disparaître, s'il avait été lui-même impuissant pour apporter au débat cette vive lumière de la vérité qui doit frapper les regards du juré, son argumentation, alors, ne manquait pas de s'appesantir sur le doute, ce grand levier de cour d'assises. « Ne condamnez pas, disait-il aux magistrats ; s'il y a
» un coupable, il n'échappera pas au supplice de sa
» conscience ; il traînera comme un boulet son éternel
» remords ; le spectre de sa victime troublera ses
» nuits sans sommeil, et, à défaut de la justice hu-
» maine, qui n'a pu fouiller dans son âme, il se trou-
» vera face à face avec la justice de Dieu qui ne se
» trompe jamais (2) ! »

Mais Duplaisset n'avait pas besoin de puiser à cette source de lieux communs, qui trouvent leur application dans presque toutes les affaires criminelles.

Les problèmes les plus difficiles, les questions dont la solution intéresse la société tout entière étaient facilement résolus ou magistralement traitées par notre confrère. Ses larges vues, ses grandes idées philosophiques le faisaient applaudir à côté des illustrations du barreau et de la magistrature. C'est

(1) *V. journ. de la Vienne*, 16 janvier 1849.
(2) *V.* 27 novembre 1855. Aff. Chevet.

ainsi que, dans le célèbre procès des subsistances de la marine, répondant au ministère public qui incriminait la pauvreté même de ses clients, Duplaisset fit entendre ces paroles qui eurent un si grand retentissement :

« Je le dis, sans crainte d'être démenti, si vous étiez
» assez malheureux pour réussir contre moi, si j'étais
» destiné à servir d'holocauste à la morale publique,
» si je devais payer pour ces grands coupables, que
» votre puissance elle-même ne peut atteindre, il fau-
» drait voiler la sainte image de la justice et s'écrier
» avec ce moraliste des temps anciens : « Les
» lois sont des toiles d'araignées... elles arrêtent les
» petits ; les puissants et les grands les rompent et
» passent à travers. (Plutarque, *Vie de Solon.*)
» Savez-vous, puisque vous me contraignez à ré-
» pondre à votre philosophie, savez-vous qui peut
» guérir cette société, dont vous voulez corriger les
» mœurs ? Ce n'est pas vous, ce n'est pas moi, c'est
» la société elle-même..... Pourquoi la richesse est-
» elle si enviée, que tous les moyens sont bons pour
» l'acquérir ? Pourquoi chacun aspire-t-il à l'opu-
» lence ? Pourquoi la pauvreté rougit-elle d'elle-
» même ? Parce que nous ne l'honorons pas assez !...
» N'est-ce pas nous qui établissons un injurieux con-
» traste entre la pauvreté et la vertu, et qui disons :
« Il est pauvre, mais honnête ; » alors que nous de-
» vrions dire : « Il est pauvre et par conséquent hon-
» nête. » Chacun en a soif de cette considération qui
» donne à l'homme tant de valeur et tant de prestige ;
» et, comme pour l'acquérir, les vertus et les talents

» ne suffisent pas, chacun veut de l'argent, beaucoup
» d'argent.

» Ah! vienne le jour où la société abjurera ses in-
» justes traditions..... et alors disparaîtra la maladie
» qui nous tourmente, et le sentiment public, l'es-
» prit social, la morale du pays, auront fait ce que
» ne feront jamais ni les réquisitoires ni les cours
» d'assises (1). »

Ces paroles, Messieurs, étaient prononcées le 11 janvier 1847, et vous pouvez juger, par cette date, de
l'impression qu'elles pouvaient produire sur l'auditoire.

Le talent de Duplaisset grandissait chaque jour,
et il était dans toute sa force lorsqu'il fut chargé, en
1850, de défendre devant le jury plusieurs journa-
listes (2) accusés d'exciter les citoyens au mépris du
gouvernement. Ce fut pour notre confrère l'occasion
de nombreux triomphes; c'est là, devant une foule
immense, bien disposée en faveur des accusés, in-
terrompant par ses murmures le réquisitoire du ministère public (3), que Duplaisset put se livrer à ses

(1) 34 accusés comparaissent devant les assises extraordinaires
de la Vienne. Le parquet est occupé par M. Alain-Targé, procureur général, et M. Lavaur, avocat général; 14 avocats sont au
banc de la défense, parmi lesquels on peut citer, parmi nos confrères de Poitiers, MM⁰ˢ Pontois, Bourbeau, Pallu, Duplaisset.
Après dix-sept jours de vifs débats, présidés avec une grande
habileté par M. Merveilleux, Duplaisset eut le bonheur de voir
acquitter les trois accusés qu'il avait défendus.

(2) V. la *Constitution*, 31 janvier 1850. — *Echo de l'Ouest*, 17 août
1850. — *Id.*, 7 février.

(3) Affaire Marchive : la *Constitution*, 31 janvier 1850.

mouvements oratoires les plus impétueux (1); c'est là qu'il conquit sur le public cet ascendant qu'il a toujours conservé, mais qui ne lui servit jamais qu'à calmer son auditoire dans l'intérêt de la majesté de la Justice (2).

Duplaisset, habile à toucher les cœurs, savait aussi égayer les esprits. Est-ce un fou qui se porte candidat à la députation et qu'on accuse d'excitation à la haine et au mépris des citoyens les uns contre les autres, il le représente : battant la campagne, accompagné de son mameluck et de musiciens ambulants ramassés dans la rue, allant, comme un marchand d'orviétan se livrer sur les places publiques aux bouf-

(1). On peut comprendre l'admiration des auditeurs, lorsque Duplaisset prononçait des paroles telles que celles-ci : C'est un accusé qui est venu franchement s'expliquer devant la justice de son pays « hier encore, il était au chevet de mort de sa vieille mère; il a renoncé, pour se soumettre aux arrêts de la justice, à l'accomplissement du plus pieux des devoirs; le ministère public, ne tenant aucun compte de ses douleurs filiales, l'a condamné à refouler les sentiments les plus sacrés et à venir s'incliner devant la majesté de la justice. Il est venu, peut-être qu'à son retour il ne retrouvera plus...... Mais non, il la verra encore, il lui donnera le baiser d'adieu. Puisse ce baiser ranimer le sang glacé de sa mère!... Puisse cette mère, s'il n'a pas le bonheur de la conserver, emporter du moins cette pensée que son fils aura trouvé dans ses juges des hommes de conscience et d'honneur!... » *Echo de l'Ouest*, 7 février 1850.

(2) Affaire Marchive, et tout récemment l'affaire Sennelier, dans laquelle Duplaisset eut l'occasion d'adresser à l'auditoire les plus sages conseils pour l'engager à respecter la justice. *Journ. de la Vienne*, 5 juin 1861.

fonneries les plus extravagantes. S'il a excité, c'est à faire rire de lui, à le faire huer, à le faire chasser (1).

Sont-ce de pauvres esprits qui ont redit sans malice la chanson des *Vignerons*, il rappelle, au milieu des rires de l'auditoire, l'air imaginé pour la ballade du *Sous-Lieutenant*, et la mise en liberté des accusés est accueillie par d'unanimes acclamations (2).

Il serait trop long, Messieurs, de vous énumérer toutes les beautés que renferment les plaidoiries de notre confrère. J'en ai dit assez pour prouver qu'il savait vaincre toutes les difficultés. Et si par hasard le succès n'avait pas répondu à son attente, si une condamnation capitale était venue affliger le défenseur, oh! alors, il ne considérait pas sa tache comme terminée; il implorait la miséricorde de l'auguste Souverain qui gouverne la France, et ses supplications obtenaient la grâce du coupable (3).

J'ai parlé en premier lieu des causes criminelles, parce qu'elles contribuèrent à étendre au loin la réputation de notre regretté confrère; parce que surtout, « devant cette magistrature du jury, il multiplia les » forces de son âme et de son intelligence (4). » Mais

(1) *Journ. de la Vienne,* 15 août 1848.
(2) *Echo de l'Ouest,* 23 août 1850.
(3) V. *Journ. de la Vienne,* 29 août 1854.
(4) Paroles de Duplaisset, à propos de l'avocat d'assises, dans son discours d'ouverture des conférences.

ce serait être injuste envers sa mémoire que de pas-
ser sous silence les victoires qu'il a remportées devant les tribunaux correctionnels.

2° *Duplaisset avocat à la police correctionnelle.*

Là, comme à la cour d'assises, une nombreuse
clientèle réclame l'appui de sa parole.

Duplaisset, toujours prêt à protéger l'innocence,
obtint dans plusieurs affaires de véritables triomphes.

Sa parole, pleine de finesse, parfois railleuse, savait
attirer sur les lèvres du juge ce sourire approbateur
qui est le présage du succès.

C'est, par exemple, une femme prévenue de *cani-
cide*. Le tribunal l'a condamnée à 24 heures de prison
et à 25 fr. d'amende, en vertu de la bienfaisante loi
Grammont.

L'avocat de la partie civile n'avait pas manqué de
faire ressortir toute l'habileté du malheureux défunt,
dont l'aptitude cynégétique était si grande, qu'elle
allait même jusqu'à poursuivre la gent trotte-menue ;
ce n'était pas trop de payer 500 fr. une pareille bête.

« La loi Grammont, répond Duplaisset, ne s'applique qu'à ceux qui exercent abusivement des mau-
vais traitements envers les animaux. Or, peut-on
appeler abusif un coup de bâton destiné à réprimer
une offense à la pudeur publique, et la première faute
ne vient-elle pas du maître qui devrait se défier de la
saison et tenir en laisse un petit animal qui,

« *Laridon négligé, témoignait sa tendresse*
» *A l'objet le premier passant.* »

Sans doute il ne faut pas disputer sur le prix d'affection ; la perte d'un chien est souvent la perte d'un ami ; et, comme le dit Lamartine :

« ... Dieu seul sait la distance entre nous,
» Seul il sait quel degré de l'échelle de l'être
» Sépare ton instinct de l'âme de ton maître. »

« Mais, par bonheur, le descendant des Talleyrand n'est pas mort tout entier..... il a laissé des posthumes..... Puisse cette nouvelle jeter quelque baume sur la douleur du plaignant ! Puisse-t-il reporter sur les enfants la tendresse qu'il avait pour leur père !... »

Que de fois Duplaisset eut recours à ce ton enjoué et badin qui prouvait toute la souplesse de son talent ! Sa diction pleine de charme savait embellir les choses les plus vulgaires et les rendre dignes de la majesté de l'audience. Ses bons mots étaient toujours arrangés avec tant d'art, que l'esprit du juge, facilement éveillé, n'avait aucune peine à les découvrir à travers les artifices de son élégante parole.

Mais avait-il à rendre de nobles sentiments, avait-il à parler de la liberté d'agir ou de croire, comme, par exemple, dans le procès des protestants de la petite ville de Mansle, l'avocat criminel laissait alors couler cette entraînante éloquence qui lui valut tant de frénétiques applaudissements. Dans cette cause célèbre à laquelle je fais allusion, Duplaisset montra

l'étendue de son savoir. L'histoire, les auteurs, les arrêts, les nombreux textes de loi sont passés en revue avec un soin minutieux ; les faits sont discutés avec chaleur ; et quand on lui objecte qu'autoriser les protestants à se réunir dans la ville de Mansle, ce sera peut-être établir une dangereuse rivalité entre deux religions, il s'écrie : « Eh bien ! que les minis-
» tres des deux cultes luttent énergiquement ! qu'une
» généreuse émulation les enflamme ! que dans ce
» noble conflit ils inscrivent sur leurs drapeaux cette
» devise toute chrétienne : paix, amour, charité ! que
» chacun d'eux joigne l'exemple au précepte ; qu'ils
» s'efforcent de se vaincre en bonnes actions, en sa-
» crifices, en dévoûment, en amour du prochain ;
» qu'il prouve par ses actes qu'il comprend mieux que
» son rival les sublimes leçons de l'Évangile !... en
» un mot, que les deux religions rivalisent, mais ne
» rivalisent que par la vertu !
» Voilà les résultats de la liberté que je proclame.
» Vous l'avez dit vous-même, Monsieur le procureur
» du roi, la liberté existe. Eh bien ! soyez logique !...
» et si vous acceptez les prémisses, acceptez les con-
» séquences... Méprisez, foulez aux pieds ces petits
» biais, ces détours mesquins, à l'aide desquels vous
» anéantiriez une vérité dont vous êtes vous-même
» ébloui. Vous dites : la lumière existe, je la vois ; et
» vous en niez la chaleur et la fécondité !... Vous vous
» inclinez devant la majestueuse puissance de la
» liberté ;... eh bien ! que cette liberté ne soit
» pas une froide statue ! Laissez-la descendre du
» piédestal où vous la placez immobile et sans vie...

» Que votre voix se joigne à la mienne, et dites bien
» haut avec moi que la liberté sans mouvement ne
» serait qu'un inutile cadavre qu'il faudrait déjà relé-
» guer parmi les vieilles reliques de nos musées.

» Non, non! ce n'est pas en rendant à la liberté
» les honneurs d'une vaine théorie que l'on obéit au
» vœu de la loi... Des faits! des faits! voilà ce qu'il
» faut à une nation qui se souvient d'une promesse
» et qui comprend le prix de la foi jurée! Elle pa-
» tiente, cette nation... elle se résigne... elle espère...
» mais, à force d'espérer et d'attendre, elle se lasse,
» et... lisez l'histoire! »

Ce jour-là, Messieurs, quinze cents personnes bat-
taient des mains aux derniers accents de Duplaisset...
et trois prévenus recouvraient leur liberté (1) !

Le talent de notre confrère se maintint longtemps avec la même puissance, et il n'est personne
ici qui n'ait connaissance des généreux efforts qu'il
fit, en ces derniers temps, pour protéger l'honneur
d'une pauvre fille, la complice du fameux Plas-
siard! (2) Je me contente d'en appeler à vos souvenirs, que je craindrais d'affaiblir par mon appréciation.

3° *Duplaisset avocat au civil.*

Si notre confrère avait trouvé le moyen de déve-
lopper, dans les affaires criminelles et correctionnelles,

(1) *V.* procès de Mansle devant le tribunal d'appel d'Angoulême,
1er et 20 février 1847.

(2) *V. Écho de l'Ouest* du 11 mars 1862.

toutes les ressources que son cœur et son intelligence mettaient au service de laborieux efforts, il n'abandonnait pas non plus les intérêts pécuniaires des clients qui venaient faire appel à la droiture de son bon sens, à sa perspicacité juridique, à sa saine et vigoureuse dialectique.

Adversaire à la fois habile et redoutable, jamais il n'avait recours à des moyens que le succès aurait pu légitimer, mais que la noblesse de son caractère avait condamnés et rejetés par avance. S'il écrasait ses contradicteurs par l'évidence de ses raisonnements, c'était toujours avec une modération pleine de courtoisie ; mais s'il avait à déjouer quelque combinaison déloyale, il retrouvait alors son énergie et flétrissait la fraude avec une sainte indignation. Ses armes les plus habituelles étaient le droit sens, souvent le meilleur commentaire de la loi ; le texte, éclairé par sa simplicité même ; l'équité, qu'il savait présenter sous les couleur s les plus séduisantes.

Aussi, rassuré par la consciencieuse parole de Duplaisset, persuadé par l'enchaînement rigoureux de ses idées, convaincu par l'abondance de ses preuves, ou ébloui par les brillantes images qui s'étaient déroulées devant ses yeux, le juge donnait-il gain de cause à l'avocat, qui avait su trouver, avec son travail ou avec son intelligence, le côté de l'affaire favorable aux intérêts confiés à son habile direction.

Je ne vous citerai, Messieurs, aucune de ses plaidoiries civiles ; et vous en comprenez la raison : ces affaires, malgré leur importance parfois considérable, sont étudiées dans le recueillement comme elles sont plaidées au milieu de l'indifférence générale. Elles ne laissent aucune trace après elles ; l'intéressé lui-même oublie quelquefois l'avocat, qu'il a pourtant, au jour de l'audience, comblé de ses bénédictions.

Mais lorsque la nature de l'affaire l'exige, lorsque de longs délais séparent le jugement du jour de la discussion orale, il peut alors convenir de recourir à une discussion écrite, qui peut apporter au débat une lumière empruntée à la science et à la méditation. Duplaisset ne recule pas devant ce travail de cabinet ; il concentre toutes ses forces en lui-même, il jette un coup d'œil attentif sur les faits, il vérifie la procédure, il recherche avec patience la décision des auteurs qui ont écrit sur la matière, il fouille avec un zèle scrupuleux nos vastes recueils de jurisprudence, il en extrait avec soin ce qui se rattache à l'affaire dont il s'occupe, et, après avoir ainsi élaboré la question à résoudre, il prend la plume et la laisse courir… Je ne vous apprendrai rien, Messieurs, en vous disant qu'il écrit comme il parle ; son style est clair, vif, coloré, entraînant, et la décision qu'il s'agit de préparer ressort de l'ensemble du mémoire avec une remarquable évidence.

Ce n'est pas tout, la sollicitude de Duplaisset pour les intérêts qu'il défend égale sa modestie, et s'il craint que sa signature ne donne pas assez d'autorité à son mémoire, il s'adresse aussitôt à un de nos éminents jurisconsultes pour obtenir sa précieuse adhésion (1).

(1) *Voir* notamment la remarquable adhésion de M. Calmeil au mémoire rédigé par Duplaisset pour la fille Rosalie Gorin.

De 1837 à 1863, Duplaisset poursuivit l'exercice de sa profession avec une infatigable activité, donnant ses veilles à la préparation des dossiers, et ses jours aux fatigues de l'audience.

Il en fut récompensé par les suffrages de ses confrères, qui lui décernèrent le glorieux titre de bâtonnier.

II.

DUPLAISSET BATONNIER.

Lorsque Duplaisset fut élevé à cette dignité, il ne put s'empêcher de manifester sa joie et de témoigner sa reconnaissance à ses pairs, qui l'avaient élu à l'unanimité. Toute sa vie, il avait aspiré à cet honneur, et il semble que la Providence le lui ait réservé comme pour couronner dignement sa carrière. A partir de ce jour, comme il le dit lui-même, il s'est senti métamorphosé et grandi ; de toutes les émotions dont fut remplie sa vie d'avocat, ce fut la plus saisissante qu'il ait éprouvée et en même temps la plus douce à son cœur ; mais aussi n'était-ce pas justice de récompenser en lui « les longues épreuves de la carrière, la » fidélité aux traditions d'honneur et d'indépendance, » l'amour de la profession d'avocat, et la pratique » de ce grand devoir qui s'appelle la confrater- » nité (1) ? »

(1) Discours d'ouverture des conférences.—*Journal de la Vienne*, 19 janvier 1863.

Le nouveau bâtonnier n'eut pas de peine à justifier complétement les prévisions de ses confrères.

1º Comme président de la conférence, il donna à ses stagiaires l'exemple de l'assiduité ; je l'ai vu à l'œuvre pendant toute l'année 1863, et je ne serai démenti par personne quand je dirai qu'il était au milieu de nous comme un père au milieu de ses enfants ; il stimulait notre ardeur par ses bienveillantes paroles, et, le sourire sur les lèvres, il nous pressait de suivre ces conférences, en nous priant de ne pas le réduire « au triste rôle d'un général sans soldats. » Attentif à la discussion, il écoutait avec patience les deux contradicteurs; à la chambre du conseil ou en particulier, il manifestait son opinion sur la manière dont la question venait d'être traitée, et le stagiaire profitait ainsi d'excellents conseils. Son avis, développé avec soin, nous intéressait à ces réunions qui ont l'avantage de nous « aguerrir contre les serrements de cœur que produit infailliblement le champ de bataille de l'audience publique : » et, lorsqu'il nous parlait des causes d'office, avec quelle éloquence il nous excitait à les accepter ! Pour lui, celui qui se chargeait d'un tel ministère remplissait un véritable sacerdoce ; ce n'était pas, sans doute, « le prêtre qui réconcilie le coupable avec Dieu , c'était celui qui l'empêche de monter à l'échafaud (1). »

Encouragés par un tel maître, les stagiaires se

______

(1) Discours d'ouverture des conférences.

pressaient autour de lui, et jamais notre chef ne se vit abandonné de ses soldats.

2° Dans les relations extérieures comme au palais, le barreau de Poitiers était dignement représenté par son bâtonnier. S'agissait-il de souhaiter la bienvenue à un avocat étranger, ou de prononcer quelques paroles d'adieu sur la tombe d'un confrère décédé, Duplaisset avait toujours à sa disposition quelques-unes de ces paroles sympathiques qui vont droit au cœur.

C'est, par exemple, le barreau de Paris qui nous envoie ses plus grands orateurs ; il faut fêter ces avocats illustres ; la politesse le veut, l'affabilité l'exige, la confraternité le commande.

Par les soins de Duplaisset, un banquet est promptement organisé ; son but est de resserrer les liens qui unissent tous les barreaux de France aussi étroitement que les membres d'une même famille. Duplaisset, ce causeur si aimable, si spirituel, se multiplie ; et quand il prend la parole au nom de ses confrères, avec quelle émotion il se lève ! avec quel tact il sait choisir ce qui peut être le plus flatteur pour son hôte ! avec quel bonheur d'expressions il rend sa pensée ! Quelles fines allusions il sait faire au talent si complet de cet avocat, « dont la dialectique est d'autant plus entraînante qu'elle est toute parée d'éloquence et d'honnêteté (1) ! » Avec quelle grâce touchante il sait le revendiquer

(1) Paroles de Duplaisset.

comme un des nôtres, en saluant en lui un compatriote (1) !

Le barreau de Poitiers, fier d'avoir, en cette solennité, un interprète qui rendait si bien ses propres sentiments, prouva à Duplaisset, par ses applaudissements enthousiastes, qu'il s'était montré, ce jour-là, l'égal des grands orateurs (2) que nous avions l'honneur de recevoir.

3° Deux mois plus tard, notre bâtonnier prenait encore la parole au nom du barreau ; mais cette fois c'était dans une lugubre cérémonie. La mort venait de frapper un des nôtres ; le chef de l'ordre prononça d'une voix émue un de ces adieux touchants qui rappelèrent « les qualités vertueuses de celui qui n'était plus, tout en étant l'expression douloureuse des regrets universels. »

ÉLOGE DE TRICHET.

Permettez-moi, Messieurs, de m'arrêter un instant pour rendre, à mon tour, un dernier hommage à la mémoire de M. François-René-Augustin Trichet, avocat à la Cour Impériale de Poitiers.

(1) *Voir* le compte rendu de M. Thézard.—*Journal de la Vienne,* 21 mai 1863.

(2) MM. Dufaure, Jules Favre, Allou, Nicolet.

Trichet était un enfant du Poitou. Son père, conseiller à la Cour sous le premier Empire, cessa d'appartenir à la magistrature sous la Restauration ; il se retira alors à la campagne, pour jouir des douceurs de la tranquillité, et occupa ses loisirs en faisant de l'agriculture dans son château du Vieux-Chambonneau.

Trichet perdit sa mère de bonne heure ; il resta seul avec sa sœur et ses frères, et il veilla sur eux avec une tendre sollicitude. Il dirigea lui-même la maison de ville, où le père ne venait chaque semaine que pour embrasser ses enfants.

Dès sa jeunesse, Trichet se fit remarquer par son zèle pour l'étude et par ses heureuses dispositions. Les palmes universitaires couronnèrent ses efforts, et en 1829 il gagnait au lycée de Poitiers une grande victoire littéraire, en remportant le prix d'honneur de philosophie.

A la Faculté de droit, il se distingua comme au collége, et, à 22 ans, il se fit inscrire sur la liste des avocats stagiaires.

Ses débuts au barreau attirèrent bien vite sur lui l'attention publique ; il répondit à l'appel de la clientèle par de consciencieux travaux. Ses plaidoiries, soigneusement préparées, avaient été pour lui l'objet de longues méditations ; il les écrivait, suivant en cet usage la maxime de Cicéron, qui pense que « la plume est le meilleur et le plus habile de tous les maîtres pour nous former à l'éloquence (1). »

____

(1) Cic., *de Oratore*, éd. Panck., p. 109.—Trad. d'Andrieux.

Deux affaires importantes marquèrent le commencement et la fin de sa carrière d'avocat. Dans la première, il s'agissait d'une question de rente foncière, d'hypothèque et de solidarité, qu'un vieil acquéreur de droits litigieux lui avait confiée (1). Trichet débrouilla cette affaire fort compliquée, qui durait depuis près d'un demi-siècle, et donna à son intrépide client la preuve de son infatigable activité et de sa consciencieuse persévérance.

La seconde affaire présentait une question d'état civil. Un infortuné était venu supplier Trichet de lui faire rendre le nom dont il avait été injustement dépouillé. Notre confrère consacra plusieurs années à l'accomplissement de cette lourde tâche, et il eut le bonheur de faire sanctionner par la Cour la légitimité de son client, et de lui assurer ainsi un patrimoine relativement considérable (2).

A l'occasion de ce débat, Trichet écrivit un remarquable mémoire. Les faits y sont précisés avec beaucoup d'exactitude; la procédure est succinctement analysée; un ordre méthodique met chaque détail à sa place, et permet à l'esprit de le retenir facilement; la discussion du fait est vive, animée, le droit magistralement traité, la question à résoudre bien tranchée, la conclusion mathématiquement déduite et trouvée avec une énergie (3) que peut seule donner

(1) Aff. Cousseau.
(2) Aff. Poux.
(3) Votre mère ne voulait pas intervenir, dit-il à ses adversaires, vous l'avez traînée devant les tribunaux pour lui imprimer une flétrissure..... Morte, vous cherchiez des témoins pour souiller

une sincère et profonde conviction. Ce mémoire, enfin, était digne de rivaliser avec la savante consultation qu'un de nos plus éminents jurisconsultes avait rédigée pour son adversaire (1).

Trichet avait poursuivi sa laborieuse profession sans jamais démentir les espérances que ses brillants débuts avaient fait concevoir; mais, depuis ce dernier procès, il parut très-rarement à la barre. La manière de préparer les affaires commençait à changer; les dossiers lui arrivaient fort tard, souvent la veille, quelquefois le matin de l'audience, et le consciencieux avocat se faisait un scrupuleux devoir de les refuser. Peut-être faut-il attribuer à d'autres causes, à des préoccupations de famille, les motifs qui l'éloignèrent du barreau. Mais son ambition était satisfaite : ses confrères l'avaient fait entrer au conseil de l'ordre, où il remplit longtemps les fonctions de secrétaire.

Son esprit se dirigea alors vers les sciences et les beaux-arts; il fut nommé secrétaire de la Société d'agriculture, et très-souvent le public put remarquer les bulletins qu'il rédigea en cette qualité.

Il n'oubliait pas pour cela le culte du droit, et son nom figure avec honneur, à côté de ceux des membres du parquet de la Cour et de plusieurs avocats, sur les volumes des arrêts de la Cour de Poitiers. Il continua,

son cercueil. Qu'avez-vous fait de sa vieillesse, de sa tombe, de sa mémoire? Vous aviez un frère, et vous le saviez.... Que votre conscience vous répète ce qui fut dit à Caïn. Et c'est vous qui demandez des dommages-intérêts! A qui donc des dommages-intérêts ? Aux spoliateurs?... ou à leur victime ? La Cour jugera !

(1) M. Abel Pervinquière.

avec l'aide d'un de ses confrères (1), cette œuvre si utile fondée en 1845, interrompue par la révolution de février, et dont la continuation serait, j'en suis sûr, favorablement accueillie par les plaideurs.

La modération de Trichet, la douceur de son caractère, l'avaient désigné pour remplir une modeste fonction, je veux parler de la 1re suppléance de la justice de paix (canton nord) de Poitiers. Son esprit, bien propre à la conciliation, lui avait attiré le respect des justiciables. Les intérêts de tous étaient pesés avec une égale sollicitude, et jamais décision ne fut rendue sans que l'affaire eût été bien examinée ; car il était dévoré, comme on l'a si bien dit (2), « de cette » soif de justice, de cet amour de vérité qui constitue » le juge honnête et éclairé. »

La simplicité de ses mœurs, son urbanité, lui avaient attiré de nombreux amis ; aussi, quand il vint à être enlevé par un de ces coups imprévus qui ne pardonnent pas, le deuil fût-il général parmi tous ceux qui avaient pu le connaître et l'apprécier.

Et Duplaisset, qui, en cette triste solennité, fut l'interprète de tous, ne put s'empêcher de s'écrier qu'il fallait graver au-dessus de ses restes mortels cette inscription :

« Augustin Trichet fut un homme de bien! »

Après avoir rappelé les principales qualités de ce

(1) M. Orillard.
(2) Éloge de Trichet par Duplaisset.

confrère regretté, je reviens à Duplaisset (1), que je dois envisager dans sa vie privée.

III.

DUPLAISSET DANS SA VIE PRIVÉE.

Rentré au foyer domestique, Duplaisset se délassait des fatigues de l'audience par des travaux d'un autre genre : les lettres, les sciences, l'histoire étaient pour lui des études de prédilection. Nos poëtes étaient également les compagnons de ses loisirs; leur lecture faisait sur son esprit la plus profonde impression, et il reconnut bien vite qu'il avait besoin de ce langage divin pour chanter, par de mélodieux accents, les nobles sentiments qui, à différentes époques de sa vie, ont rempli son cœur.

Une circonstance surtout lui permit de montrer son talent sous ce nouvel aspect; je n'y insisterai pas longtemps, car parler de l'exil de Duplaisset, c'est réveiller un douloureux souvenir.

Vous avez déjà pu, Messieurs, remarquer dans les fragments de plaidoiries que j'ai cités (2) quelle était la couleur du drapeau que notre confrère avait cru

(1) Ce fut aux funérailles de Trichet que Duplaisset eut, pour la dernière fois, l'occasion de parler au nom de l'ordre.
(2) Affaire des subsistances de la marine, procès de Mansle.

pouvoir être le drapeau de la France. S'il m'était permis d'attirer votre attention sur ses opinions politiques, j'aurais à faire ressortir la fermeté, la sincérité de ses croyances, son amour pour la liberté et l'indépendance uni à un amour profond de la patrie. Qu'il me suffise de vous dire que son caractère fut à la hauteur des épreuves qu'il eut à traverser, qu'il les supporta en homme de cœur, comme il les a chantées en poëte inspiré.

Écoutez, Messieurs, ces beaux vers, qui prouvent, une fois de plus, que la poésie est la sœur de l'éloquence (1) :

« Dans tes murs, ô Verdun ! quand je fus exilé,
» De tout ce que j'aimais mon cœur fut isolé !
» Je pleurai mon enfant et je pleurai ma mère ;
» Je demandai souvent, dans ma douleur amère,
» Le soleil, les ruisseaux, les fleurs de mon pays ;
» Je rêvai, sans espoir, la main de mes amis. »

. . . .

Mais le poëte ne se laisse pas aller plus longtemps à sa douleur ; sa devise est celle d'un citoyen résigné et courageux (2) ; il se console bientôt en interrogeant sa conscience, et voyez, Messieurs, en quels termes il manifeste sa joie :

« Et pourtant, ô Verdun ! au fond de ma détresse,
» J'ai senti quelquefois mon cœur battre d'ivresse ;

(1) Est enim finitimus oratori poeta. — Cic., *de Orat.*, éd. Panck., page 52.
(2) Integer vitæ... securus abit.

» Oui, j'ai connu la joie; et quand j'interrogeais
» Cet oracle sacré, qui ne mentit jamais,
» Cette voix infaillible, éternelle, implacable,
» Vengeresse du juste et bourreau du coupable,
» Cette ombre de nos corps que nous fuirions en vain,
» Cette chair de nos os, la conscience, enfin !
» Quand je l'interrogeais, sur mon âcre blessure
» Tombait, à larges flots, une eau limpide et pure.
» Au lieu d'absinthe, alors, ma coupe était de miel.
» Quand il est enivré par cette voix du ciel,
» Le proscrit sent en lui, délicieux mélange !
» Sa douleur réunie aux extases de l'ange !
» Conscience, devoir, vertu, prismes divins,
» Oh ! que vous éclairez les plus sombres destins!
» Sous votre bouclier, tout se métamorphose :
» Le fer se change en or, l'épine devient rose.
» Au bienfaisant éclat du magique flambeau,
» Tout aime, tout sourit, tout est bon, tout est beau !»

Oh! oui, tout est beau, à en juger par les descriptions qui suivent (1).

(1) Le cœur aimant de Duplaisset n'est point ingrat, et voici comment il nous parle des deux amis qui ont consolé ses amers chagrins :

« Il en est deux surtout, deux dont le souvenir,
» A force d'être doux, me fait presque souffrir...
» De leur baiser d'adieu telle fut la magie,
» Qu'en les perdant, je crus perdre encor ma patrie !
» L'un était un vieillard (1) dont la tendre bonté
» Dans le droit du malheur voit un droit de cité.
» Sur son front, dans ses yeux, je lisais, en silence,
» La jeunesse du cœur et de l'intelligence.
» Oh ! je verrai toujours ses beaux cheveux d'argent,

(1) M. Varaigne, avocat.

Mais, pour les commenter, je ne puis mieux faire que

   » Son air de patriarche et son regard touchant !

. . . .

   » L'autre était, qui dirai-je ? Oh ! c'était mieux qu'un ange (1) !
   » Les pinceaux de Rubens, Raphaël, Michel-Ange,
   » Ne créèrent jamais rien de plus gracieux
   » Que le portrait vivant qui fascina mes yeux.
   » Ce n'était pas la Vierge au regard séraphique ;
   » Ce n'était pas Rachel à la beauté mystique,
   » Ni la fière Judith, ni la douce Lia ;
   » C'était tout à la fois moins et plus que cela...
   » C'était elle ! c'était l'enfant au front d'ivoire,
   » Qu'encadre mollement sa chevelure noire.
   » Tantôt, sous les longs cils que l'amour a plantés,
   » Nagent, en s'éteignant, ses regards veloutés ;
   » Tantôt, sans le vouloir, de sa chaste prunelle
   » Jaillit, comme un éclair, la brûlante étincelle.
   » Dans le coin de sa lèvre, où Dieu versa ses dons,
   » Se nichent des milliers de petits Cupidons.
   » Et quand vibre sa voix, mélodieuse gamme,
   » Dont le divin clavier est l'écho de son âme,
   » On entend comme un son qui n'a rien de mortel,
   » Un soupir échappé de l'orchestre du ciel !...
   » Telle était cette enfant, qu'en sa grâce, sans doute,
   » Pour consoler mes maux, Dieu plaça sur ma route.
   » Sitôt qu'elle me vit et connut mon chagrin,
   » Elle écouta ma plainte et me tendit la main ;
   » A celle qui voulut partager ma tristesse,
   » Elle offrit le trésor de sa sainte tendresse ;
   » Et je bénis encore le doux tribut de fleurs
   » Qu'un jour elle apporta, parfumé de ses pleurs !
   » Talisman de l'exil, symbole poétique,
   » Fleurs que sa main cueillit, ô pieuse relique,
   » L'espace d'un matin a flétri vos couleurs.
   » Mais vous ne cessez pas de fleurir dans nos cœurs !
   » Silence maintenant ! quand il a parlé d'elle,
   » Le poëte n'a plus qu'à replier son aile !

(1) Mlle Louise de M.

d'employer le langage de cet autre poëte qui salua son arrivée en lui disant :

. . . .
« Ton chant limpide et pur,
» Qui ne sait pleurer ni maudire,
» Est calme comme un ciel d'azur
» Et gracieux comme un sourire.
» Merci pour le touchant récit
» De ton attrayante odyssée;
» On y retrouve le trait, l'esprit,
» L'écho de la lyre sacrée.
» Mais ce qui fait le plus d'honneur
» A tes beaux vers que l'on répète,
» C'est que leurs accents, nés du cœur,
» Montrent l'homme sous le poëte (1)!

Le cadre de cet éloge ne me permet pas de vous signaler toutes les poésies de Duplaisset ; elles sont innombrables, car sa muse savait répondre à tous les besoins de son cœur.

Ses poésies légères sont pétillantes d'esprit et de sel gaulois, et si la solennité de cette réunion ne s'y opposait, je vous en citerais quelques-unes bien propres à dérider les fronts les plus austères.

Le poëte trouvait aisément le ton qui convenait à sa mélodie, et si ses joyeux accents égayaient ses amis, ses chants, dans d'autres circonstances, se ressentaient de la douleur qui agitait son âme. C'est ainsi qu'il adresse à sa fille, à l'occasion de son mariage,

---

(1) Réponse aux souvenirs de Verdun, signée des initiales H. D. DE TH.

un touchant adieu (1), dans des strophes empreintes d'une visible tristesse, qu'il dominait cependant pour donner à ses enfants les plus sages conseils. Voguez, leur disait-il,

> « Voguez vers l'horizon où le ciel vous convie ;
> » Allez, et que vos yeux ne soient point effrayés !
> » Si vous voulez braver les écueils de la vie,
> » Marchez l'un sur l'autre appuyés.

> « Riez des sots propos et des vaines alarmes !
> » Aimez-vous ! Quand on s'aime, on ne saurait souffrir.
> » La vie est une fleur dont l'épine a ses charmes,
> » Quand on est deux pour la cueillir. »

Hélas ! Messieurs, on ne se décide pas facilement à dire adieu à tant d'éloquence et à tant de poésie ; et cependant il faut s'y résoudre ! Je borne là mes citations ; vous me les pardonnerez, car c'était pour moi le meilleur moyen de vous faire admirer celui qui fut à la fois un poëte et un orateur.

Je ne dévoilerai plus rien de sa vie privée ; tous ceux qui l'ont connu sont unanimes pour témoigner de sa générosité, de son grand cœur, de cette exquise urbanité qui lui attiraient des amitiés si vives et si sincères.

Mais il rendait bien à ses amis l'affection qu'ils lui témoignaient ; l'ingratitude lui était inconnue, et se rappelant, souvent après de longues années, le ser-

---

(1) « Adieu, me suis-je dit, au prisme de ma vie !
> » Aux baisers qu'au réveil mon enfant apportait !
> » Adieu son cher sourire ! adieu la mélodie
> » Que chaque soir elle chantait ! »

vice rendu, il profitait d'occasions solennelles pour leur témoigner publiquement sa reconnaissance (1).

Jusqu'à la dernière heure, Duplaisset conserva cette affabilité qui fit le charme de ses relations, et cette présence d'esprit dont il donna tant de preuves dans le cours de son existence.

Frappé d'une de ces maladies implacables dont il avait senti les premières atteintes au sortir d'une audience, il rentra chez lui affaibli, mais non abattu.

Les généreux efforts de sa famille éplorée arrêtèrent quelques instants les progrès du mal, mais ce fut en vain..... il reprit de nouveau avec une intensité effrayante. Duplaisset, toujours calme, supporta avec courage ses cruelles souffrances ; sa vie avait été celle d'un honnête homme, il voulut que sa fin fût celle d'un chrétien ; il retrempa ses forces dans les secours de la religion, et il expira le 2 décembre 1863, en murmurant un dernier adieu à ses amis.

Je n'essayerai pas de vous peindre la désolation générale qui éclata lorsqu'on apprit la mort de celui qui avait été un tendre époux, un bon père, un citoyen dévoué à sa patrie, un poëte distingué, un orateur

---

(1) Ainsi, par exemple, à son retour de Verdun, il eut à se féliciter d'un de ces beaux traits de confraternité qui jettent un si vif éclat sur notre barreau ; Duplaisset en garda toujours le souvenir, et voici comment, douze ans après, il en parlait dans son discours d'ouverture des conférences : « Laissez-moi évoquer un souvenir qui vivra toujours dans mon cœur !... Contraint d'abandonner ma ville natale, je n'eus que le temps de presser la main d'un de mes confrères (M. Lepetit) et de lui transmettre pour ainsi dire ma survivance. Quelques mois après, le proscrit fut rappelé, et le premier soin de son jeune suppléant fut de lui apporter sa

éloquent, un bâtonnier ami de la justice et de l'indépendance...

J'aime mieux vous dire, en terminant, que j'ai pu voir Duplaisset sur son lit de douleurs, et je puis vous affirmer que son esprit se reportait incessamment sur vous, Messieurs les stagiaires ; et quand il me serra affectueusement la main en me disant « au revoir, » il ne put s'empêcher d'ajouter : « A bientôt ! je serai rétabli, je l'espère, pour aller partager vos travaux, en présidant votre conférence. »

Ah ! je vous l'avoue, j'étais loin alors de me douter que je serais, un an plus tard, désigné par le conseil de l'Ordre pour prononcer l'éloge de celui que je venais de voir pour la dernière fois. J'aurais désiré, pour ma part, qu'une plume plus exercée que la mienne rendît à sa mémoire vénérée ce dernier hommage ; mais décliner ce périlleux honneur, c'eût été de l'ingratitude. Puisse votre bienveillance me savoir gré de mes efforts ! Puissiez-vous, oubliant mes faibles louanges, garder religieusement le souvenir de Duplaisset ! C'était là le vœu du mourant ; vous l'exaucerez, j'en ai l'intime conviction. Pour moi, Messieurs, je n'oublierai jamais cet excellent bâtonnier !

fraternelle accolade, en y joignant, avec une invincible persistance, la rémunération d'un travail dont il avait bien voulu les épines, mais dont il répudiait les fruits. « Tous en feraient autant, disait-il en remettant à l'exilé le petit trésor qu'il lui avait récolté ; » et sa résolution fut inébranlable.... Que mon confrère me pardonne la révélation d'un trait dont il ne se souvient plus. Pouvais-je trouver une plus solennelle occasion de lui en témoigner publiquement ma reconnaissance ? »

Poitiers. — Typ. de A. Dupré.

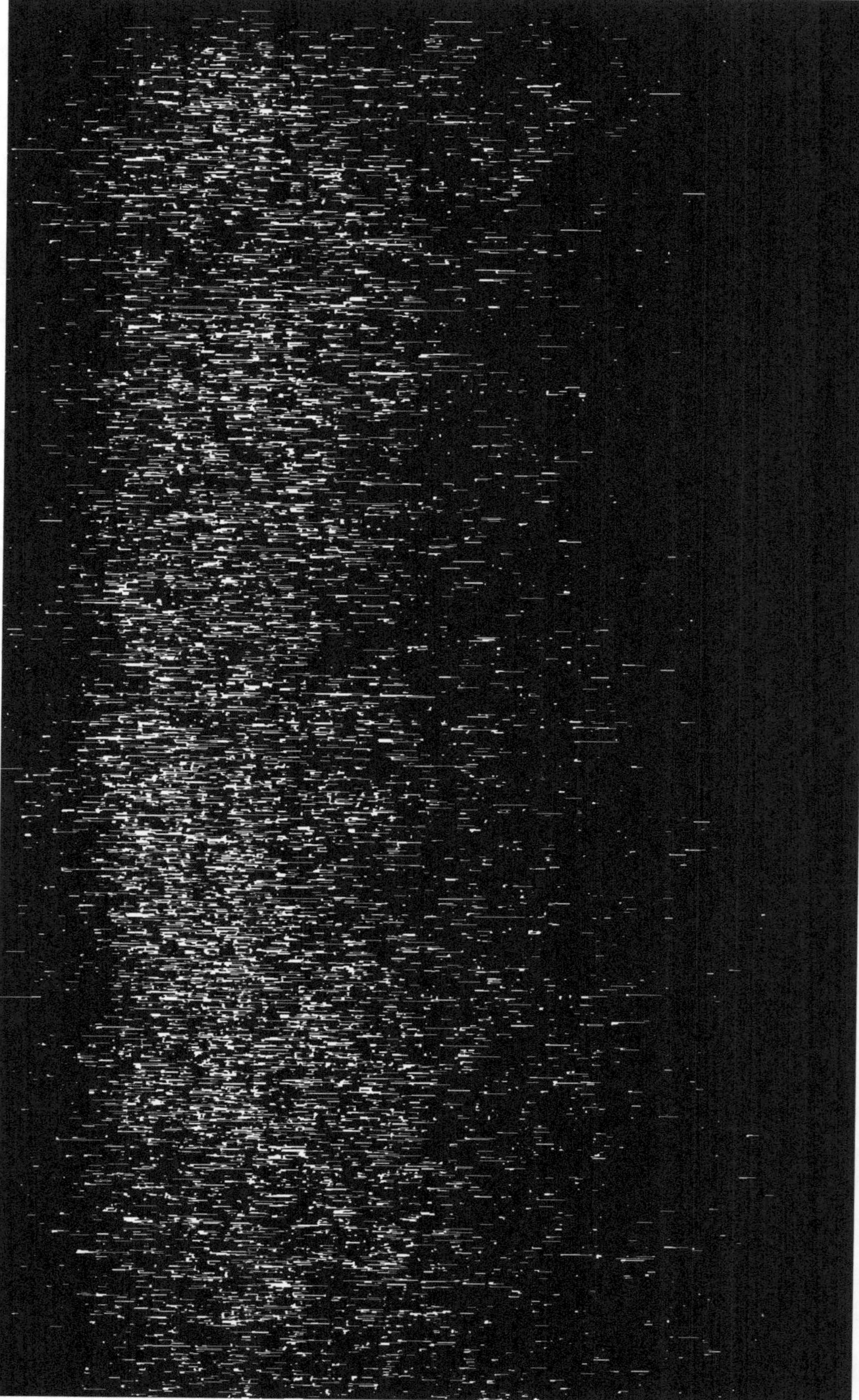